OCTAVE
DE ROCHEBRUNE

AQUAFORTISTE

1824 - 1900

SA VIE — SON ŒUVRE

IMP. HENRI LUSSAUD

P. & O. Lussaud Frères

FONTENAY-LE-COMTE

1925

OCTAVE DE ROCHEBRUNE

D'APRÈS UNE PEINTURE D'ALEXANDRE BONNIN DE FRAYSSEIX

OCTAVE DE ROCHEBRUNE

AQUAFORTISTE

1824 - 1900

SA VIE — SON ŒUVRE

Conférence faite par MM. RENÉ VALLETTE et BOUTIN

au Théâtre de Fontenay-le-Comte

le 26 Avril 1925

Allocution de M. Roger GUILLEMET

Mesdames, Messieurs,

Je suis tout étonné de vous présenter les deux conférenciers qui ont bien voulu nous causer aujourd'hui du graveur fontenaisien Octave de Rochebrune; j'en suis tout étonné, je l'avoue bien sincèrement, parce que ni Monsieur René Vallette, ni Monsieur Emile Boutin n'avaient, certes, besoin d'une telle présentation; ils étaient l'un et l'autre bien trop fontenaisiens pour qu'un semblable sacrement s'imposa et je n'ai qu'une excuse à mon inutilité, c'est d'avoir au moins une occasion de pouvoir, de l'un et de l'autre, dire tout le bien qu'ils n'en voudraient certainement pas dire eux-mêmes.

Vous présenter Monsieur René Vallette c'est pourtant un peu, de ma part, comme si l'élève présentait le maître et j'en suis tout confus. Je ne veux pas rappeler depuis combien de temps Monsieur René Vallette est un fervent fontenaisien; ma victime serait capable de protester: mais il y a, en tous cas, presque autant d'années qu'il a toujours manifesté pour sa ville natale un attachement actif jamais déguisé. Cela est tout naturel, me direz-vous, quand on est le fils d'un maire de Fontenay, du temps où les maires étaient encore entourés de prestige.

Et voilà près de quarante ans que, dans sa vaillante « Revue du Bas-Poitou », *Monsieur René Vallette défend.*

avec opiniâtreté, toutes les traditions vendéennes, toutes les choses d'art incessamment menacées. Jamais on n'a, en vain, eu recours à la vivace revue chaque fois qu'il fallait défendre un domaine où l'intelligence et le goût avaient le principal partage.

Aussi est-ce une bonne fortune pour nous que d'écouter un conférencier aussi averti qui ne ressuscitera pas Octave de Rochebrune à grands renforts de documents, mais évoquera tous ses souvenirs personnels, tous ces précieux souvenirs qui sont comme la fleur vivante et vibrante que rien ne peut jamais fixer.

Et louons aussi la bonne fortune qui nous permet d'avoir aujourd'hui Monsieur Emile Boutin, architecte du gouvernement, qui n'a jamais aimé à prodiguer ses conférences. Si Monsieur Boutin est un bien plus récent fontenaisien, quel rôle n'a-t-il pas joué parmi nous chaque fois que l'art était en jeu? Je suis ravi d'avoir une occasion de lui rendre publiquement cet affectueux témoignage que jamais son concours n'a fait défaut quand on a eu recours à son talent.

Monsieur Boutin pratique la gravure; le métier n'a plus de secrets pour lui et ainsi nul n'était plus qualifié pour nous exposer la technique du graveur Octave de Rochebrune.

Est-il nécessaire de redire que cette double causerie coïncide avec tout un ensemble de manifestations en l'honneur d'Octave de Rochebrune? plaques posées sur l'ancienne rue du Puits-Saint-Martin qui portera désormais, au moins en partie, le nom du graveur; table de granit à l'entrée de Terre-Neuve pour rappeler au passant que ce lieu, sans doute prédestiné, avec l'artiste fontenaisien du XIXe siècle, abrita au XVIe siècle le poète Nicolas Rapin; et enfin Retrospective de Rochebrune au Musée Vendéen où grâce aux prêts des amis, des amateurs, de la famille surtout, des faces peu connues de ce talent multiple ont été mises en pleine lumière.

Que ce soit pour moi une occasion de remercier ici tous ceux qui par leurs prêts ont bien voulu aider à une de ces manifestations artistiques bien trop rares dans nos petites villes, et surtout une occasion de remercier particulièrement la famille du graveur qui, outre des prêts nombreux, a fait don au Musée Vendéen de tout ce qu'il a été possible de retrouver jusqu'ici de l'immense œuvre gravée d'Octave de Rochebrune, et qui, bien plus, a pourvu à ce qu'une partie au moins fut dignement présentée aux amateurs. Grâce à elle c'est au Musée Vendéen qu'il faudra venir étudier l'œuvre de Rochebrune et n'est-ce pas, d'ailleurs, l'emplacement qui lui convenait le mieux?

Jamais nous ne célébrerons trop nos gloires locales. Nous mettons ainsi, tout simplement, en pleine vue le meilleur de nous-mêmes; nous aidons à prendre plus nettement conscience de notre génie local. On élève son propre niveau à chercher, sans cesse, à être toujours en bonne compagnie. Remercions donc Messieurs René Vallette et Emile Boutin de nous aider dans cette œuvre, de tout leur talent à eux.

OCTAVE DE ROCHEBRUNE

SA VIE ET SON ŒUVRE

Conférence faite le 26 avril 1925,

au Théâtre de Fontenay-le-Comte

MESDAMES, MESSIEURS,

VEUILLEZ tout d'abord me permettre d'adresser à M. Roger Guillemet, âme et animateur de ces conférences, où avec un zèle aussi louable qu'intelligent, il s'efforce de faire revivre les traditions littéraires et artistiques de la vieille capitale du Bas-Poitou, mes très sincères félicitations pour l'heureuse et délicate pensée qu'il a eue, au lendemain du centième anniversaire de la naissance d'Octave de Rochebrune, d'en glorifier publiquement la mémoire.

Je lui dois aussi de personnels remerciements pour l'honneur trop grand qu'il m'a fait en me demandant de venir, comme couronnement de la Rétrospective, si excellemment organisée par ses soins et ceux de M. Boutin, évoquer devant vous la grande et laborieuse figure de l'éminent aquafortiste dont Fontenay, la Vendée et l'Art français tout entier s'enorgueillissent à juste titre.

Cet honneur, j'ai hésité un instant à l'accepter, estimant que pour se faire l'historiographe d'un artiste, il faudrait être artiste soi-même. Mais mon hésitation a cédé devant l'immense satisfaction que j'éprouvais à célébrer un compatriote illustre, peut être insuffisamment apprécié, et dont la collaboration aussi bien que l'amitié me furent particulièrement précieuses.

Le vieux fontenaisien fidèle que je suis demeuré, malgré mon éloignement de la cité natale à laquelle je reste attaché par tant d'intimes souvenirs, est — à défaut d'autres mérites — heureux et fier d'avoir une nouvelle occasion de rendre un public hommage à l'admirable artiste, dont le prestigieux talent a pour toujours immortalisé le nom et lui a assuré une place de choix parmi les plus illustres enfants de notre pays.

***

Issu d'une famille noble originaire de l'Orléanais et fixée depuis le commencement du XVIe siècle en Limousin, Octave de Rochebrune est devenu Vendéen par sa naissance.

Ses ascendants, dont il avait le droit d'être fier, servirent fidèlement la France et la Royauté dans l'armée et la haute magistrature. Son grand-père avait été admis tout jeune au nombre des Pages du Roi Louis XV; puis, à l'âge où l'on sort des pages, il était entré dans l'armée et se trouvait à Limoges, commissaire des guerres pour la province du Limousin, quand éclata la Révolution de 1789.

Conformément aux ordres qu'il avait reçus du maréchal duc de Broglie, il resta à son poste, pour maintenir le bon ordre, ce qui lui valut l'envoi d'une quenouille de la part de certains émigrés; — et ce n'est que lorsqu'il vit ses jours en danger qu'il consentit à rejoindre l'armée de Condé avec son fils unique, qui à l'âge de onze ans servit dans le régiment des « nobles à pied ». C'est ce soldat-enfant, qui plus tard, au retour de l'émigration, s'engagea en 1807, dans un régiment de dragons, conquit ses grades dans les campagnes d'Espagne et celles de la Grande Armée, fut décoré de la Légion d'honneur à la bataille de Leipsick, et que le hasard des garnisons amena sous la Restauration, avec le régiment des chasseurs de la Sarthe à Fontenay-le-Comte, où il épousa le 24 mai 1819, la fille du maire de cette ville, Mademoiselle de Vassé.

De ce mariage, Octave de Rochebrune naquit le 1er avril 1824, en ce château de Terre-Neuve, que le poète Nicolas Rapin avait au XVIe siècle déjà rendu célèbre et auquel le maître graveur devait ajouter un lustre nouveau.

Comment se fait-il qu'au lieu de suivre la carrière militaire de ses ancêtres, Octave de Rochebrune se soit adonné passionnément et dès son enfance à l'Art, et ait pris en main la pointe de l'aquafortiste au lieu de l'épée de l'officier?

C'est ce que lui même nous a conté dans une page pleine d'humour que je m'en voudrais de ne pas citer textuellement:

« J'avais huit ans à peine, dit-il, quand un jour en taquinant des guêpes, je fus assez gravement piqué par elles, pour qu'on m'imposât une claustration complète.

» Il y avait précisément à ce moment-là à Terre-Neuve, un peintre italien de passage, M. Sotta, qui mettait toute la bonne volonté possible à fixer sur la toile, les portraits de mon père, de ma mère et de mon grand-père de Vassé.

» Jamais je n'oublierai la profonde admiration dont je fus saisi en voyant reproduite au crayon rouge sur une de ses toiles immaculées l'esquisse représentant la tête de mon grand-père.

» Raphaël, dans toute la splendeur de son incomparable génie n'eut pas à mon avis atteint à la cheville de Sotta.

» Loin de chercher à enfreindre la défense maternelle qui

me clouait au logis, je restais en extase derrière notre artiste, sans plus songer à mon mal. Je le regardais avec admiration ornant d'un rouge plus que vermeil le bout du nez de mon aïeul, les boutons et le col de son habit, tout galonné d'arabesques argentées, et du matin au soir je n'avais garde d'abandonner la place.

» Un autre artiste commença aussi et presque dans le même temps à éveiller en moi le goût des choses d'art. L'une de nos parentes, Madame de Saint-Thomas, élève de Robert Lefèvre, l'auteur du tableau qui décore le maître-autel de l'église Notre-Dame de Fontenay, était venue, en effet, passer un mois à Terre-Neuve. Elle avait à coup sûr autrement de talent que Sotta. Mais ce qui attirait surtout mon attention, c'était la singulière idée de son père, qui — artiste lui-même, — ne songeait qu'à faire des vues cavalières, devançant ainsi d'un demi-siècle l'immortel Viollet-le-Duc. Son unique ambition était de représenter de la sorte Terre-Neuve sous tous ses aspects, avec l'armée de moulins à vent qui décoraient alors l'horizon. Pour ce faire, il avait installé au bout de la terrasse une énorme échelle double, d'au moins vingt pieds de haut, sur laquelle on avait fixé aux derniers échelons d'en haut une planche en travers qui servait de table.

» Un jour, notre artiste s'appuyant plus qu'il ne convenait sur la dite planche, fit basculer tout l'échafaudage, et tomba avec ses crayons, ses cartons et la grande échelle sur le dos.

» Miraculeusement les deux bois, fixés solidement dans l'échelle, s'arc-boutèrent sur le gazon et garantirent l'artiste infortuné d'un aplatissement complet.

» Le précieux album, rendu déjà loin, était rapidement feuilleté par le vent; je courus après lui et le rapportai triomphalement, tout en jetant un regard d'admiration sur la multiplicité des lignes en tous sens qui ornaient les pages et auxquelles du reste je ne comprenais pas un traitre mot.

» De cette journée mouvementée date néanmoins mon enthousiasme pour l'architecture.

» Ces dessins à la mine de plomb me trottaient depuis lors dans la tête, et je n'eus de joie réelle que lorsqu'on me mit entre les mains un véritable crayon *Conté.* »

Le futur maître graveur ne fut pas moins vivement impressionné en voyant vers la même époque dessiner un amateur distingué, M. Emilien de Montbail, qui fréquentait également Terre-Neuve, et préparait le charmant album qu'il nous a laissé sous le titre trop modeste de *Notes et Croquis sur la Vendée.*

Sous la successive direction de M. Piazza, au petit séminaire des Sables d'Olonne, de M. Pernot au collège de Fontenay-le-Comte et de M. Lériget, dans l'atelier duquel il travailla également en compagnie de MM. Hanaël Jousseaume — son voisin de Jarnigande, — Boncenne et Fleury de la Caillère, les progrès du jeune Octave de Rochebrune furent rapides. C'est à cette époque qu'il fit un dessin de la façade de Notre-Dame-la-Grande, de Poitiers, que ses maîtres n'hésitèrent pas à qualifier de chef-d'œuvre.

Toutefois ses progrès ne devinrent tout à fait sérieux que lorsqu'il fut envoyé au collège Stanislas de Paris, où il termina ses études. Il trouva là pour maître un artiste sinon de premier plan, du moins habile autant qu'instruit, M. Jean-Louis Petit, qui lui enseigna les vrais principes fondamentaux du dessin. Tant et si bien qu'il était encore sur les bancs du collège, quand il fut admis pour la première fois au Salon. C'est de 1845 que date ce début. L'œuvre exposée était un dessin à la mine de plomb rehaussé de blanc qui représentait l'*Abside de Notre-Dame de Paris.*

Comme il l'écrivit depuis, « ce jour-là le roi n'était pas son maître », et Jean-Louis Petit, du reste, partageait sa joie et sa fierté. Car c'était le premier de ses élèves qui parvenait à accrocher une œuvre aux murailles du Louvre.

Encouragé par ce premier succès, Octave de Rochebrune, qui achevait ses études quelques mois après, revint à Paris travailler dans l'atelier de son professeur de Stanislas, en même temps que dans celui du peintre Justin Ouvrié, un des collaborateurs de l'œuvre du baron Taylor.

Sa vocation architecturale était déjà instinctive, et on eût pu le rencontrer de bon matin, errant un carton sous le bras aux alentours de la Sainte Chapelle, de la Tour Saint-Jacques, de Saint-Séverin, et dessinant debout avec une facilité surprenante les mille et un détails de ces merveilleuses bâtisses du Moyen-Age.

Sa famille avait eu l'heureuse inspiration de ne mettre aucun obstacle à sa vocation. Son père, qui tout enfant avait été pendant l'émigration confié aux soins d'un peintre allemand, chez lequel il avait vécu durant plusieurs années à Maëstrich, avait gardé de ce séjour chez un artiste un goût prononcé pour les choses d'art; et il était heureux de voir son fils s'adonner à des travaux qui le protégeraient contre l'oisiveté, à une époque où leur foi politique fermait toutes les carrières aux jeunes générations du monde légitimiste.

Octave de Rochebrune put donc librement suivre son penchant, et au Salon de l'année suivante — en 1846 — il exposa *l'Abside de Notre-Dame de Paris*, mais peinte à l'huile cette fois, ainsi que *Notre-Dame la Grande de Poitiers;* et trois dessins: la *Tour Per-Berland de Bordeaux*, *l'Abside de la Cathédrale de Bordeaux* et la façade romane de l'*Eglise de Foussais* (Vendée).

Au Salon de 1847, il avait également une peinture, — *Les Ruines de l'Abbaye de Maillezais* — que son dernier cuivre inachevé, voulait encore célébrer, et trois dessins: la *Cathédrale de Strasbourg*, celle de *Toul;* et enfin le *Cloître de Saint-Trophime* à Arles.

De non moins jolies œuvres lui ouvraient en 1848, les

portes du Louvre. Deux peintures: *La façade du Château de Josselin*, le *Château de Saint-Ouen*, près Châteaugontier. et trois dessins: la *Cathédrale de Quimper*, celle de *Saint-Pol-de-Léon* et le *Clocher de Kresker*, à Saint-Pol.

Partout déjà s'affirmait en lui une science parfaite du dessin et une prédilection marquée pour les précieux monuments de l'époque romane et pour la symphonie harmonieuse des grandes et belles lignes architecturales de la Renaissance, avec une tendance très marquée pour l'archéologie. Détail à noter, car il semble avoir une très grande importance dans l'œuvre d'Octave de Rochebrune.

Une de ses préoccupations constantes, était de rendre aussi scrupuleusement que possible le type réel de chaque construction. Aussi comme on l'a écrit avec juste raison, ne voit-on jamais dans ses œuvres aucun anachronisme architectural, ni aucune indécision dans le rendu. Tout y est crâne, d'une attaque sûre d'elle-même, parce qu'elle sait posséder la science voulue pour interpréter chaque monument suivant la période archéologique qui le caractérise.

C'est ainsi qu'avec une sûreté de main et de coup d'œil, fruit de ses sérieuses études, il poursuivit son précieux labeur avec une passion toute juvénile, soit dans son modeste logement de la rue Saint-Thomas du Louvre, soit au cours public de M. Didion.

Mais vint un moment où notre artiste, las de la mine de plomb, voulut tenter de reproduire sur la toile ce qu'il faisait déjà avec tant de justesse, de fermeté et d'effet sur le bristol.

Bien que quelques-uns aient été admis au Salon, ces essais furent — il faut bien le reconnaître — moins heureux, et lui-même, du reste, n'hésitait pas à les qualifier dans l'intimité de « lamentables ».

Lancé dans cette voie nouvelle, notre artiste n'eût peut-être jamais connu la célébrité, quand des circonstances multiples en décidèrent autrement.

***

La Révolution de février 1848 le fit rappeler en Vendée par ses parents, et amena comme une trève dans son existence artistique. Presque dans le même temps, il perdait son grand-père, auquel il avait voué une particulière affection, et il épousait la fille d'un député royaliste de la Vendée, Mademoiselle de Grellier de Fougeroux, qui devait être la compagne accomplie de ses années heureuses et la collaboratrice intelligente de ses travaux.

Oubliant Paris et les débuts faciles qu'il y avait eus, il s'enferma dans la vieille demeure seigneuriale de Terre-Neuve, naguère bâtie par le sénéchal-poète Nicolas Rapin, et que ses parents avaient entrepris de restaurer. Changeant alors son pinceau pour l'équerre et le ciseau, il s'en fit tout à la fois l'architecte et le sculpteur, menant de front la direction du chantier et la sculpture des frontons, des entablements, des chapiteaux et rassemblant autour de lui les meubles anciens, les tentures précieuses, les objets d'art et les mille curiosités de valeur qui devaient faire de cette demeure un véritable musée, digne de rivaliser avec ceux des Princes-artistes de la Suède et du Portugal.

Sept à huit ans furent employés à ces travaux, pendant lesquels on put voir le gentilhomme-artiste, sous la blouse de l'ouvrier, tel que l'a si excellemment représenté le regretté graveur vendéen Alasonnière, orner de magnifiques plafonds en pierres sculptées, de superbe cheminée, de portes monumentales, de meubles de tous styles, le grandiose appartement dont il devait faire son atelier.

Dans le calme de cette retraite, où il ne vivait que dans le beau, où rien de vulgaire ni de banal ne venait frapper sa vue, où tout, au contraire, élevait son âme et était si bien fait pour inspirer un artiste, Octave de Rochebrune tout occupé d'études archéologiques avec son érudit ami Benjamin

Fillon, semblait ne plus se souvenir des Salons qui se succédaient à Paris, sans que son nom parût au livret.

Il allait peut-être reprendre ses pinceaux pour lesquels il ne se sentait cependant qu'une médiocre aptitude, lorsqu'un de ses amis, M. Arnauldet, conservateur au cabinet des Estampes et d'autre part, son savant compatriote Fillon mirent sous ses yeux le premier, plusieurs planches sur Paris, gravées par Charles Méryon avec cette magie de couleur et de poésie qu'il devait un jour égaler; le second, des épreuves de choix des grands maîtres Rembrandt, Claude, Millet et Albert Durer.

C'était une révélation inattendue. Une révolution soudaine s'opéra dans cette intelligence artistique, et il entra de suite et de plain pied, comme Bernard Palissy « en dispute avec sa propre pensée. »

Vingt quatre heures ne s'étaient pas écoulées qu'on le vit revenir de chez son poëlier avec une plaque de laiton. Car il ignorait encore qu'il fallut se servir de cuivre rouge. Sur cette plaque, il étendit à chaud de la simple cire vierge, la flamba d'après les indications données par Charles Jacques dans le *Magasin Pittoresque*, dont il était déjà le collaborateur; puis avec un bout d'aiguille il se mit à dessiner.

Mais une fois de plus je lui cède la parole, lui laissant le soin de conter lui-même dans son auto-biographie ses débuts dans cet art du graveur où il devait s'illustrer:

« Pénétré, dit-il, des renseignements donnés par Charles Jacques, je courus chez mon poëlier; j'y pris une mince plaque de cuivre jaune, grande comme la main et passablement laminée. Sa grandeur m'effrayant, je la coupai en deux parts. Mais que faire sans vernis? Jacques disait seulement qu'on employait la cire et les matières résineuses.

» Je fis donc fondre de la cire et de la résine ensemble, et j'étendis le tout sur mon cuivre chaud, et suivant les indications du *Magasin Pittoresque*, je le flambai pour noircir. J'y fis alors quelques *griffonnis*, à l'aide d'une aiguille; puis je versai de l'acide pur sur la plaque.

» Mais cette dernière étant insuffisamment polie, le vernis se souleva presqu'instantanément. Toutefois, l'acide avait assez vivement agi, pour que le cuivre fut attaqué légèrement. Je fis de l'encre avec du noir de fumée et un peu d'huile d'olive; je mouillai le papier et avec mon pouce j'appuyai fortement. Il vint un semblant d'épreuve qui suffit à me satisfaire (1).

» Quelques minutes après, je vernissais l'autre moitié de ma plaque; mais cette fois, au lieu des premiers griffonnis, je cherchai un modèle et trouvant sous ma main un croquis du donjon de Moncontour, je me mis à le dessiner sur mon vernis, avec plus de soin, en y ajoutant quelques détails nouveaux que le modèle ne portait pas. Puis je versai sur mon cuivre, non bordé de cire, de l'acide encore pur.

» Le vernis était probablement mieux flambé que la première fois, ou le cuivre moins gras; toujours est-il que le vernis put résister pendant quatre ou cinq minutes. Le cuivre étant déverni la morsure se trouva profonde et plus accentuée sur les devants. La joie que j'éprouvai en voyant cette réussite inespérée fut indicible. Je voulus comme précédemment tirer une épreuve en appuyant avec le pouce; mais le cuivre était trop grand, trop mordu, rien ne venait. Un marteau appuyé fortement n'obtint pas davantage de résultats. Une heure après, j'étais rendu chez Madame Fillon, imprimeur, à la presse typographique de laquelle j'eus recours. Mais malgré une pression énorme, le cuivre ne donna presque rien. J'en fis cependant tirer trois épreuves, dont une fut remise le soir même à Benjamin Fillon. Le lendemain, je recevais de lui une jolie épreuve d'Abraham

(1) Ce premier essai de notre artiste est divisé en trois bandes horizontales. En haut, une petite tour avec des broussailles; au milieu, le Donjon de Pouzauges; et au bas le Clocher de Fontenay. Il est daté de 1859.

Bosse, donnant la manière d'imprimer les planches en taille-douce et au centre de laquelle était représentée une magnifique presse.

IMPRIMERIE DE TERRE NEUVE _ VOUTE DU CHATEAU DE COULONGES

» Après l'avoir longtemps dévorée des yeux, je fis venir mon menuisier et lui commandai une presse semblable a celle de Bosse, avec les mêmes moulures et les mêmes proportions. Je fis appel en même temps à l'obligeance de deux tourneurs amateurs de Fontenay MM. Coquillaud et Mignet, qui exécutèrent avec une remarquable précision les deux cylindres entre lesquels devaient passer la table de la presse. Une quinzaine de jours s'étaient écoulés, tandis que se construisait la presse dont le résultat était attendu avec une fébrile impatience. Entre temps, un de mes amis, M. Ritter, ingénieur, m'avait gracieusement offert le joli manuel de gravure à l'eau-forte d'Abraham Bosse. En quelques jours je le sus par cœur; les divers procédés m'étaient dès lors connus; la lumière se faisait à mes yeux, et à l'aide des dernières planches de ce petit volume qui ne me quittait plus, je parvins à perfectionner ma presse qui, bientôt montée, me donna enfin une épreuve satisfaisante.

» Je ne sais, ajoute-t-il, si Gutenberg fut plus heureux de sa première planche imprimée que je ne l'étais de cette gravure mordue par hasard en quelques minutes (1) ».

Toujours est-il que pendant huit jours la presse d'Octave de Rochebrune ne cessa de fonctionner. Fabriquant lui-même ses vernis, polissant et planant ses cuivres, il travaillait tout le jour sans relâche, à la recherche de cette perfection, qui fut le but constant de ses efforts, et qu'après quatre années d'essai à peine, il atteignit.

***

C'est en 1859, qu'avait été publié l'article de Charles Jacques. La première planche d'Octave de Rochebrune est datée du 5 octobre de cette même année. Or, moins de deux ans plus tard au Salon de 1861, il exposait cinq eaux-fortes, et obtenait une mention honorable.

(1) Et qui représentait la Tour de Moncontour, à la date du 25 octobre 1859.

Ces cinq gravures inscrites au Catalogue de l'Exposition sous le même numéro et qui étaient de petites planches (*La Rue Pont-aux-Chèvres à Fontenay, la Place aux Porches, le Donjon de Bazoges-en-Pareds, une pierre druidique à Saint-Nicolas-de-Brem*), font partie de l'ouvrage *Poitou et Vendée*, dont le texte commencé par Benjamin Fillon, et resté inachevé à sa mort, fut plus tard un peu brièvement terminé, par M. Charier à l'aide des notes qu'il avait laissées.

C'est dans le but d'illustrer ce précieux volume qu'Octave de Rochebrune avait entrepris en 1861 un voyage « *Pas à pas* » suivant son expression, à travers la Vendée. Sac au dos, un parapluie en bandoulière et le crayon à la main, il parcourut ainsi tout notre pays, croquant à la mine de plomb vieux châteaux et vieilles églises, bords de mer et paysages agrestes.

Voyage d'archéologue et d'artiste, dont il a laissé un pittoresque récit à la manière de Topfer, et au cours duquel son bizarre accoutrement lui valut un jour d'être pris pour un marchand de complaintes, ce dont il s'amusa beaucoup, et un autre jour pour un voleur ce qui l'irrita davantage.

Ce n'est pas, du reste, le seul souvenir écrit qu'il ait laissé de ses voyages. Ses enfants conservent pieusement une vingtaine de cahiers, où il narre avec un charme tout personnel, les impressions ressenties dans ses pélerinages d'art. Il y a notamment consigné la douloureuse émotion qu'il éprouva, en juin 1871, à la vue des ruines accumulées à Paris par la Commune, et celle que lui causa de même l'abandon vraiment coupable dans lequel la France laissait la pauvre chaumière où naquit la Vierge héroïque et sainte de Domrémy, et qui lui inspira une de ses planches les plus touchantes. Mais en revanche, on y trouve magnifiquement noté l'enthousiasme dont le saisit la splendeur de Pierrefonds et de Chambord et de combien d'autres monuments précieux de la vieille France, qu'il devait reproduire plus tard en d'inoubliables pages.

En même temps qu'Octave de Rochebrune préludait par des travaux destinés à l'ouvrage de *Poitou et Vendée* aux grandes planches qui devaient définitivement attirer sur lui l'attention du public et des connaisseurs les plus autorisés, il employait les rares loisirs que lui laissait l'eau-forte, à dessiner d'après nature, avec une recherche infinie les divers effets de la lumière sur les saillies des corniches, les profondeurs des baies, et sur tous ces mille caprices qu'ont

DONJON DU CHATEAU DE POUZAUGES XIIme

répandus sur nos façades de la Renaissance les architectes et les artistes du XVIe siècle. Il a laissé d'innombrables dessins, des lithographies, des aquarelles que ses enfants se sont partagés, et qui constituent comme la genèse de l'œuvre admirable qui a immortalisé son nom.

Le maître critique d'art, Philippe Burty voulant caractériser le talent de Charles Méryon disait un jour de lui :

» Il a su faire tourner à son profit tout ce qui au dire du moindre confesseur de la Foi Académique devait étouffer en tout eesprit le germe des bons principes ou en entraver le développement. Il n'a à peu près pas eu de professeur. Il s'est livré tardivement à ses aspirations; il a travaillé et vécu dans un isolement presque complet.

» Que ces conditions exceptionnelles aient été fatales à un tempérament moins bien trempé, cela n'est guère douteux. Mais de même qu'une plante qui poussait dans un sol vierge et se fortifiait aux intempéries d'un dur climat, il gagna à n'avoir pas suivi de maître, de ne pas voir la nature avec les yeux d'un autre; à n'être entré que tard dans la carrière, d'avoir su raidir contre l'ignorance de la pratique et l'inhabileté de la main toutes les forces d'une volonté faite et d'une intelligence maîtresse d'elle-même; enfin, à son isolement volontaire, de n'avoir eu à subir ni l'influence décevante de l'Ecole, ni le conseil banal des désœuvrés... »

Ne dirait-on pas ces lignes écrites pour Octave de Rochebrune?

Et de fait, nulle part dans son œuvre on ne sent l'imitation; pas plus qu'on ne s'aperçoit d'une *manière*, cette autre imitation qui est celle d'un artiste se répétant lui même. Partout le sentiment de l'exécution et l'allure de la pointe varient selon le caractère des planches imposé à l'artiste par le modèle qu'il a devant lui. Et cette variété dans son œuvre atteste en même temps que la conscience de l'auteur, son perpétuel effort.

***

Tout du reste, chez Octave de Rochebrune est personnel, aussi bien la pensée que son interprétation. Témoin la jolie boutade que j'ai relevée dans ses cahiers intimes: « Pour commencer un cuivre, il me faudrait de la musique. Cela donne élan ou enthousiasme au possible. Léonard a dû en user et Raphaël aussi. Michel Ange? Non. Il n'a rien de lyrique. C'est un Titan qui sculpte dans le rocher. »

***

Mais voici que nous arrivons à la période active et militante de l'artiste. Nous allons assister à la grande lutte des Salons annuels à Paris, où sa première apparition fut saluée par un succès qui ne devait que s'accroître les années suivantes.

RUINES DE L'ABBAYE DE LA GRAINETIÈRE

Aux simples mentions que lui avaient valu en 1861 ses premières planches, les médailles succédèrent bientôt aux Salons de 1865, 1868 et 1872, et la croix de la Légion d'honneur, au lendemain de l'Exposition de Vienne vint dignement couronner sa belle carrière d'artiste, si parfaitement symbolisée par sa devise: *Honneur et travail.*

Ces multiples succès causèrent à l'artiste aussi modeste que laborieux qu'était Octave de Rochebrune une émotion profonde, et il s'avoue tout changé, ne sachant quelles austères pensées traversent son esprit: « Mon Dieu, dit-il, faites que je continue la réputation qui m'est faite. Que les nobles cœurs d'artistes qui ont confiance dans mon talent ne soient pas trompés. J'envisage avec calme, mais avec une sorte d'inquiétude l'éminente situation que me font ces récompenses si enviées. Cependant, je me sens fort et suis animé d'une indomptable énergie pour faire mieux encore. Je suis tout préparé à la lutte, et si des épines viennent barrer mon chemin j'ai la ferme volonté de les arracher. »

ESCALIER DES GRANDES CATHUS

Mais quand il se trouve en face des œuvres de Rembrandt et de Ruysdaël, il redevient timide et inquiet: « Que faire vis-à-vis de ces hommes dont chaque coup de pointe est un miracle? Et cependant je veux arriver, et j'arriverai à ce que mon âme entrevoit, aidé par la bonne Vierge Noire de mon imprimerie qui protège mes travaux. »

Et, fort des conseils qu'il a reçus des membres du Jury qui à l'unanimité ont salué sa gloire naissante, il va se remettre courageusement au travail, et il écrit à son ami Fillon cette belle lettre, où se révèle toute sa grande âme d'artiste consciencieux :

« Ce n'est pas tout de dessiner exactement un édifice. Il faut le présenter sous son aspect le plus monumental, le camper de façon à ce qu'on en saisisse bien l'ensemble. Certains demandent à être vus de face, d'autres presque de profil, d'autres à petites distances, afin de faire valoir les détails de leur architecture.

» Ce premier résultat obtenu, il reste au graveur à baigner son monument dans l'air, à tirer partie des accidents de lumière, à choisir ses premiers plans et ses accessoires, à faire en sorte que son ciel concourt à l'unité de l'effet, qui doit être d'une grande simplicité sans perdre de sa puissance.

» Plus j'avance dans la carrière, plus je sens les difficultés à vaincre pour produire des œuvres vraiment belles. Le graveur qui n'a que l'habileté de la main ne s'élève jamais au-dessus du médiocre... »

Ces admirables théories, Octave de Rochebrune, ne les a jamais perdues de vue en maniant sa pointe. Aussi, nul mieux que lui n'a su caractériser davantage la fidèle représentation des monuments de diverses époques.

Enhardi par les derniers succès remportés au Salon, il élargit son cadre, agrandit ses cuivres et envoie aux Expositions suivantes, des œuvres plus importantes, des gravures de dimensions jusqu'alors inusitées, « grandes à se coucher dessus », comme disait Mouilleron, dans son pittoresque style d'atelier. C'est alors qu'il fit défiler devant les yeux étonnés des artistes et du public, la merveilleuse série de ces pages magnifiques qui conserveront pour l'avenir l'image de nos plus précieux monuments et qui ont valu à leur auteur le titre enviable de Piranèse français.

Parmi ces gravures qui témoignent toutes d'une hardiesse de pointe incomparable, d'une profonde science architectonique et d'une sûreté de dessin merveilleuse, il faut particulièrement citer: Chambord, Cluny, Blois, Châteaudun, Azay-le-Rideau, Chenonceaux, Ecouen, Pierrefonds, Pau, La Sainte-Chapelle, les cathédrales de Rouen et de Stras-

LE PUY DU FOU.

bourg, le Palais de Justice de Rouen, Avignon, l'abbaye du Mont-Saint-Michel, les châteaux de Villegongis, de Valençay, du Lude, de Saint-Ouen-les-Toits, l'abside de Saint-Pierre de Caen, et combien d'autres.

L'apparition de ces planches aujourd'hui fameuses avait

produit une telle surprise parmi les graveurs, qu'ils se demandaient s'il était vraiment possible qu'un amateur ait pu, au fond de sa province, produire de pareils morceaux, sans avoir été aidé par quelque artiste professionnel.

Et un beau jour, l'un d'eux fut dépêché à Fontenay pour surprendre à l'improviste Octave de Rochebrune dans son atelier. Peine superflue! Le maître graveur de Terre-Neuve, n'avait pas plus d'aide, qu'il ne connut véritablement de professeur. Le visiteur dut se rendre à l'évidence, une évidence que devaient consacrer de nouveaux et incessants succès, avant-coureurs d'une réputation devenue européenne

***

Comme bien on le pense, cette réputation d'un amateur de province ne fut pas sans éveiller à Paris quelque jalousie. Si nous en croyons les cahiers d'Octave de Rochebrune, celle de Galichon ne fut pas la moindre, mais notre artiste s'en amusa plaisamment:

« Ah! Galichon, mon ami, vous n'aimez pas les grandes planches? Vous m'avez dit poliment l'autre jour que l'eau-forte n'était supportable que dans le format de la *Gazette*. Vous voudriez sans doute me voir faire du gothique de troubadour, avec votre tête comme gargouille, et de la Renaissance turlututu... *Fies-toi-z'y*, mon ami, je t'enverrai la croupe de Notre-Dame de Paris crinollinée de clochetons, les façades de Pierre Lescot, les tours, la terrasse et la lanterne de Chambord... et tu m'en diras des nouvelles. »

L'exécution de ces planches magistrales n'allait point, du reste, sans fatigues, et je me suis laissé dire que la constante préoccupation qu'avait Octave de Rochebrune d'atteindre la perfection lui causait parfois de véritables accès de fièvre qui interrompaient son labeur.

C'est alors qu'en manière de halte et de repos, il revenait

à des travaux moins pénibles, et qu'il nous donna ces séries non moins précieuses de petites gravures consacrées au château de Terre-Neuve, à ses beautés architecturales et aux merveilleuses collections qu'il y avait réunies; alors qu'il grava les 72 planches de son album *A travers la France;* qu'il illustra différents volumes et notamment les *Chants du Bocage Vendéen;* qu'il exécuta enfin pour la *Revue du Bas-Poitou*, cette exquise phalange de 48 planches, dont je lui demeure profondément reconnaissant.

C'est par les petites planches que le graveur fontenaisien avait débuté; c'est en ne cessant jamais d'en faire, a-t-on dit justement, qu'il a conservé la souplesse de sa pointe. Elles ont joué dans son œuvre le rôle d'études; et comme ces exquisses que le peintre fait pour lui-même, elles plaisent par leur simplicité de facture, par le charme intime qui s'en dégage. Elles évoquent dans leur cadre réduit, toute la province où vécut notre artiste, les gentilhommières ruinées, à moitié cachées sous les arbres « les clochers ajourés, les rues montueuses, les vieux hôtels que l'on découvre tout à coup au fond d'une impasse, les places encadrées de porches.

Autant de petits tableaux vivants, colorés, parleurs, qu'on dirait signés de quelqu'un des maîtres de Leyde ou de Haarlem, et qui n'étaient qu'une halte et un repos voulu avant la reprise des travaux plus sérieux.

L'auteur, plus sévère, pour ses œuvres que les juges compétents qui les admiraient, voulait par ce repos calculé oublier certaines tendances qui lui semblaient des erreurs, et reparaître dans la lice en signant quelques pages maîtresses, affranchies des défauts qu'il se trouvait et pouvu de qualités nouvelles, portant haut dans sa pensée ce glorieux adage des ancêtres: *Noblesse* oblige.

***

Travailleur acharné, s'adonnant à toutes les branches de l'art avec un égal succès, sculptant pierre et bois avec une habileté surprenante, Octave de Rochebrune ne quittait guère son royal studio que pour se livrer à quelques excursions archéologiques, qu'il documentait de son vaste savoir et égayait de ses spirituelles saillies.

Sa distraction favorite était surtout la pêche à la ligne, sur les bords escarpés de la *Vendée*, à l'ombre des vieilles futaies de Vouvant. C'était avec la joie enfantine d'un écolier en vacances qu'il partait dès l'aube, dans un pittoresque costume, dont un crayon ami nous a conservé l'image, taquiner le goujon ou prendre le chaveneau. Mais cette distraction, il la pratiquait encore comme un art, qui tenait du sacerdoce, et qu'il fallait bien se garder de troubler.

Or, un jour qu'il était allé tendre la ligne entre la Baugisière et le Pont Albert, en compagnie de quelques fontenaisiens et fontenaisiennes aimables, les dames — dont ce n'est pas le moindre charme — se mirent à causer bruyamment, et le poisson ne mordait pas.

Impatienté, le père Rochebrune, comme on l'appelait dans l'intimité, les interpella un peu vivement, avec une pointe d'ironie, qu'il savait manier à l'occasion avec autant d'habileté que l'autre, leur demandant si elles avaient la prétention de vouloir apprendre à parler aux habitants de l'eau. Et on se le tint pour dit.

Cette passion pour la pêche chez un artiste n'est pas pour nous surprendre. Paul Baudry s'y livrait également avec ferveur, et il est très vraisemblable qu'ils durent tendre de concert leurs lignes dans la *Vendée*, au cours de quelqu'un des séjours faits à Terre-Neuve par l'illustre peintre Il y venait en effet, assez souvent, et on se rappelle même qu'un jour il s'y essaya à la gravure sur cuivre, en traçant d'une main encore peu familiarisée avec cet art, le portrait du maître de céans.

Il y avait entre les deux artistes une profonde sympathie,

faite d'estime et d'affection réciproques. Les deux lettres que je vous demande la permission de vous lire en sont d'irrécusables témoins.

La première, écrite au lendemain des tragiques événements de 1870 et de 1871, a été publiée dans le numéro de la *Revue du Bas-Poitou* spécialement consacré au maître graveur fontenaisien. Elle est encore aujourd'hui toute d'actualité.

Mon cher ami,

Votre lettre m'a fait bien plaisir, je conserve dans mes souvenirs heureux les quelques heures que j'ai passées avec vous, Madame de Rochebrune et vos aimables enfants. Je vous suis obligé de votre affectueuse sollicitude, cher et infatigable travailleur, vous avez avec le talent le cœur vaillant des artistes d'autrefois. Il n'en reste guère parmi nous; les plus remarqués exercent l'art comme une charge quelconque, notaires ou financiers, tirant de leurs œuvres le plus d'argent possible, courant après les puériles satisfactions de la vanité. C'est du reste pour tous la vie de Paris que vous auriez bien tort d'envier.

Vous échappez à cette fièvre contagieuse des sottises et des vulgarités mondaines. Vous avez la joie de réaliser les rêves que je ferai toute ma vie.

J'échappe autant que je puis aux obsessions et aux tracas de cette existence, mais vous ne pouvez imaginer au prix de quels efforts!... Il n'est pas de jour où je ne sois prié (officiellement) de perdre 3 ou 4 heures de mon travail; je me fais le caractère et la mine de l'ours pour rebuter les gens et je n'ai de vraie joie que lorsque je puis pousser les verrous et penser à la chère peinture.

Je me suis remis à la besogne et à la recherche de mes nouvelles compositions. Vous savez le plaisir de ces exquises divagations, elles ne sont que trop souvent troublées, les miennes l'ont été terriblement ces jours passés. Mon ami et mon architecte Garnier m'a désespéré par une recherche imprévue dans sa décoration de la salle du foyer de l'Opéra: il me tailladait en pièces mes pauvres figures du Parnasse, et d'une autre peinture que j'appelle les poètes. Il m'a fallu lutter 8 jours, crier, me fâcher, le convaincre, ce qui était plus difficile; enfin tout s'est arrangé hier et j'ai encore traversé cette bourrasque.

Vous pensez, cher ami, que l'eau-forte est fort délaissée en ce moment, j'ai tant de choses à faire, onze immenses toiles à exécuter, dessiner et peindre ! Il faudrait avoir le loisir et la douce tranquillité que donne l'exécution des choses préparées et pensées pour me permettre de rayer un peu le cuivre. Je n'aurais guère que le soir et j'ai peur pour mes yeux. On me dit que les rayures brillantes du cuivre sont dangereuses, mais croyez bien, cher ami, que je ne resterai pas sur l'essai maladroit que j'ai commis sous vos yeux: j'adore ce bel art de la gravure à l'eau-forte; c'est la sténographie des peintres, c'est une langue qu'il me faut tôt ou tard bien parler et j'y arriverai aidé de vos bons conseils et de votre chère amitié.

Votre belle planche de la guerre civile est très belle et tous les hommes intelligents qui savent un mot de l'art en pensent ce que je vous ai dit. All right, cher Rochebrune, et ne vous découragez jamais; pensez aux inestimables avantages que vous avez autour de vous, la nature, la vie de famille, la vie indépendante, l'esprit sain et la passion du travail et du bien. Vous seriez un ingrat de n'en pas remercier Dieu.

Je vous embrasse, cher ami, bien cordialement.

Paul Baudry.

***

La seconde lettre, dont je dois la communication à mon ami Henry de Rochebrune, est complètement inédite, et il m'est particulièrement agréable d'en offrir la primeur aux habitués de ces conférences.

Elle fut adressée en 1873 à Octave de Rochebrune, après la mort de l'admirable compagne de sa vie:

Mon cher Rochebrune,

Je pense souvent à vous, n'en doutez pas, bien que je ne puisse vous le dire toujours. Je pense à votre douleur, et j'en retrouve un écho dans mon cœur, que le temps n'a guère atténué.

Mais, mon cher ami, comme Dieu veut que nous vivions et que nous supportions dans un esprit de résignation ces souffrances morales, je veux, comme je le fais pour moi-même, éloigner de votre esprit cette tristesse. Laissez-moi vous parler de ce qui était dans votre cœur aux jours heureux, du cher travail et de l'art.

Ça toujours été là mon vrai refuge. Ce sera le vôtre, cher ami. Une âme bien trempée comme la vôtre doit rebondir et reprendre élan pour produire encore de belles choses. Je vous remercie bien sincèrement de ce que vous m'écrivez pour moi. Si je dédaigne le bruit et le jugement aveugle de la foule, j'aime la louange délicate des vrais artistes et des hommes de bien. La vôtre m'est infiniment précieuse. Je n'ai que la crainte de ne pas assez la mériter.

Tessier vous a dit vrai: vos yeux clairvoyants m'ont fait corriger une grosse faute, et je vous dois une des meilleures figures que j'aie faite.

J'ai fait depuis votre voyage de nouvelles compositions. Ce sont les portraits des Muses. Bien que ce soit des figures isolées, il y a une recherche d'idée délicates et intéressantes dans ce travail.

Les proportions de ces tableaux sont plus grandes que celles que vous connaissez. J'essaie dans chaque attitude et dans chaque visage ce qui constitue les qualités spiritualistes, comme nous les concevons maintenant dans notre monde moderne; et je ne prends aux anciens que le vêtement, et si je puis dire la forme matérielle, quasi-divine que la Renaissance a ressuscitée par les ouvrages de Raphaël et de Michel Ange.

Vous voyez que mon idéal est bien haut, et il est téméraire peut être d'y viser; mais enfin il faut regarder le Ciel et non la fange.

J'espère aller vous voir, cher ami, avant le mois de septembre, si j'ai terminé, comme je le pense mes huit muses vers la fin de mars. J'irai vous serrer la main à Fontenay-le-Comte et passer quelques instants avec vous et vos gentils enfants.

Veuillez leur faire, mon cher Rochebrune toutes mes amitiés et me croire votre toujours très affectionné ami.

Paul Baudry.

Mes amitiés à Tessier.

***

Octave de Rochebrune ne demeura pas sourd à l'appel de Baudry. Avec un nouvel entrain, il se courba sur le cuivre, labourant avec sa pointe énergique comme un soc, le champ de ses planches, et il nous livra bientôt une nouvelle série d'œuvres remarquables, véritables peintures à l'eau-forte, reproduisant, dans de merveilleux jeux de lumière et d'ombre, le château de Meillant, les tours d'Apremont la Maison carrée de Nîmes, le grand escalier de Chambord, la

tour Jeanne d'Arc à Rouen et la seigneuriale demeure de la

Court. où le savant amateur d'art qu'était également son fils Raoul, succombait il y a quelques mois.

Aussi bien, l'illustre peintre auquel la Vendée s'honore également d'avoir donné le jour, n'est pas le seul qui ait dispensé aussi largement son admiration au maître graveur fontenaisien; et je ne pense pas qu'il existe un artiste ou un critique d'art qui ne se soit incliné devant les magnifiques pages qui constituent son œuvre et devant le noble caractère de celui qui les a signées. Flameng, Lalanne, Marcille, Mouilleron, Alasonnière et Henriquel-Dupont, de même que Marionneau, Burty, Béraldi, Viollet-le-Duc et Bonnin de Fraysseix lui ont rendu tour à tour d'éloquents hommages; et hier encore, je recevais d'Henri Clouzot, le savant conservateur du Musée Galliera et auquel on doit le précieux catalogue raisonné de l'œuvre d'Octave de Rochebrune, cette délicieuse lettre que je m'en voudrais de ne pas relire avec vous:

Mon cher Ami,

Que me demandez-vous-là ? Les années ont passé et mes recherches se sont dirigées de tant de côtés divers qu'il ne me reste plus rien de l'œuvre du bon maître sur laquelle j'ai si longtemps travaillé. Mais si j'ai oublié la magie des grands cuivres et le jeu émouvant des lumières sur les vieilles pierres de nos manoirs, l'artiste est encore présent pour moi comme au premier jour. Je pourrais vous dire la place des bahuts Renaissance, des tables, des armes dans le grand studio. Je revois la suite des tapisseries du XVIe dans la salle à manger où la vieille Marie nous servait au dessert des caillebottes « coiffées » comme je n'en ai plus jamais mangé depuis. Surtout ce qui m'est resté présent c'est le charme de parole de ce solitaire qui sous l'abri des ombrages de Terre-Neuve vivait en communion avec l'art de tous les temps. Ses propos, vous le savez, étaient parfois caustiques. Mais sans méchanceté. Je pense avoir connu avec O. de Rochebrune, un des derniers types de ce qu'on appelait au XVIIe siècle « l'honnête homme ». Depuis vingt ans que je vis dans d'autres milieux, je m'aperçois que le Parisien qui se dit averti, ignore en réalité les plus simples vérités et que les bribes de savoir, captées au vol dans le hasard des conversations et des rencontres, ne remplacent pas la culture que l'on se donne soi-même quand on sait « rester à la chambre ». A ce titre, Rochebrune eût trouvé grâce devant Pascal, et avec lui plus d'un de ces bibliophiles qui hantaient l'officine de mon père et que je m'honore d'avoir connus. Vous aussi, mon cher Vallette, vous êtes de ceux-là et M. le Maire de Fontenay a frappé à la bonne porte en vous demandant de parler de notre vieil ami aux Fontenaisiens d'à-présent qui ne l'ont pas connu ou qui seraient tentés de l'oublier.

Je vous serre cordialement la main

Henri Clouzot.

***

Mais hélas, les forces humaines même les mieux trempées ont des limites et malgré le talisman qu'avait fait graver au fronton de sa demeure de Terre-Neuve le sénéchal-poète Rapin, un jour vint, où la maladie visita le foyer d'Octave de Rochebrune, et le contraignit à abandonner son labeur, alors qu'il venait d'attaquer sa 492e planche — la dernière de son œuvre.

Et je me souviens encore de la douloureuse confidence qu'il me fit ce jour-là, à l'ombre de la vieille cheminée de son atelier :

« Mon cher Monsieur Vallétte, je viens de prendre une grave résolution. Dans quelque heures je me livrerai aux mains d'un chirurgien; à l'âge où je suis, une opération n'est jamais sans danger. Et cependant je n'hésite pas, car je préfère la mort à l'oisiveté à laquelle me condamne le mal dont je souffre. »

Peu de jours après, le grand artiste mourait de n'avoir pas voulu rester oisif. Le 7 juillet 1900, il s'endormait du dernier sommeil dans les bras de ses enfants, en ce château de Terre-Neuve qu'il aimait tant, parce qu'il y avait trouvé le calme et le recueillement chers aux travailleurs.

Ce jour-là la France perdait un de ses artistes les plus éminents, et la Vendée une de ses gloires les plus pures.

En même temps que les yeux du bon graveur les fenêtres aux vitraux multicolores de son atelier se fermèrent, la porte retomba derrière lui et la maison qui avait été le témoin de son immense labeur devint comme on l'a magnifiquement dit, « le reposoir de nos souvenirs ».

Mais ces vieux murs, du moins, ont conservé pour ceux qui les hantèrent quelque chose de l'âme du Maître, et quand personnellement il m'arrive d'aller y goûter le charme toujours si accueillant de son petit-fils, c'est avec une religieuse émotion que j'en franchis le seuil. Il me semble en effet, apercevoir encore, dans le coin de la vaste cheminée le haut fauteuil où s'asseyait Octave de Rochebrune, aimable et souriant, dans une pose de bonhomie spirituelle et de douce sérénité.

Il me semble l'entendre me conter les péripéties multiples de ses fouilles et trouvailles archéologiques, et me décrire la joie qu'il éprouvait en mettant à jour quelques précieux vestiges du Passé.

Il me semble entrevoir derrière ses verres de myope son regard perçant et comme illuminé, scrutant l'art lointain des siècles écoulés, pour y trouver une inspiration nouvelle.

Simple mirage évocateur, hélas! Octave de Rochebrune est disparu pour toujours et repose doucement depuis 25 ans sous la pierre brodée par sa main pieusement habile, en mémoire de l'épouse affectionnée qui fut le charme et la providence de sa vie.

Mais il survit et survivra éternellement parmi nous, grâce à l'œuvre splendide qu'il a laissée — œuvre dont la Rétrospective de notre Musée vendéen vous a fait admirer les pages les plus insignes, et qui constitue en même temps que l'héritage le plus précieux pour la Postérité, un parfait témoignage de ce dont est capable la passion du travail alliée à la puissance du génie.

René VALLETTE.

***

Avant de céder la parole à l'excellent artiste qu'est lui même M. Emile Boutin, qu'il me soit permis d'épingler comme un bouquet final à cette longue causerie, les charmantes strophes que le délicat poète Francis Eon vient de m'adresser, tenant en bon fontenaisien qu'il est aussi, à s'associer de loin à l'hommage que nous rendons aujourd'hui à la mémoire de notre illustre compatriote.

R.V.

OCTAVE DE ROCHEBRUNE

Dans la maison aimable et que gardent les Muses
Règne le clair esprit de Nicolas Rapin,
Il a chanté cet air paisible. Il a dépeint
Cette campagne au son d'anciennes cornemuses.

Mais dans l'allée où l'ombre étend son vert glacis.
Marche et s'arrête un autre Sage,
La flamme intérieure anime son visage.
De Rochebrune s'est assis.

L'âme des pierres par le cuivre !
Il songe à son nouvel essai.
Il faut saisir et faire vivre
Rouen, Chambord et Valençay !

— Il rentre à l'atelier. Une épreuve première
Jaillit égale presque à ses nobles espoirs,
Déjà le maître heureux sourit, et les beaux noirs
Vibrent dans la douce Lumière.

Francis EON.

Mesdames, Messieurs,

Je voudrais être aussi bref que possible dans les explications techniques qui m'ont été demandées pour que vous conserviez intact tout le charme des éloquentes paroles que vous venez d'entendre.

Or des descriptions obligatoirement un peu longues viendront contredire ce désir. Je m'excuse de ces lenteurs près de M. René Vallette, comme aussi près de vous tous.

Je m'excuse également de ne pas vous faire défiler sur l'écran toutes les œuvres de de Rochebrune.

Notre artiste a été tellement prodigue que les projections pourraient se succéder sans interruption jusqu'à demain.

Aussi, comme il n'est pas indispensable de revoir ici toutes ces œuvres, et afin d'éviter la fatigue qui en résulterait pour notre sympathique opérateur, nous ne vous présenterons que quelques motifs choisis spécialement pour les explications qui vont suivre.

Mesdames, Messieurs,

Pour vous parler convenablement de l'œuvre de Octave de Rochebrune, il me faudrait d'abord vous définir l'éternelle Beauté, puisque, sous des traductions différentes, les productions de cet artiste en sont toutes imprégnées.

Or ce que je juge beau peut très bien vous paraître affreusement laid.... Affaire de goût! Affaire de tempérament!

Vous me permettrez d'abandonner cette définition qui nous conduirait trop loin, et pour laquelle, à moins de vous répéter des clichés trop connus, nous ne serions peut-être pas d'accord.

Il me faudrait aussi vous définir ce qu'est « l'Artiste », créateur de beauté.

Je me contenterai de vous dire que les artistes sont des être souvent en excursion dans le jardin des rêves, partis à la recherche de l'Eternelle Beauté en question.

Mais, comme cette dame est très hautaine, elle ne se montre pas à la première allée venue; elle oblige souvent ses adorateurs à parcourir beaucoup de sentiers avant de commencer seulement à défaire ses voiles.

Ne vous étonnez donc pas si un même artiste peut vous présenter des différences complètes de métier et de technique, suivant ses divers états d'âme, et, s'il change un procédé pour un autre, c'est qu'il espère, par ce dernier, pouvoir mieux traduire sa pensée de la beauté enfin entrevue.

Vous venez d'en avoir un exemple remarquable avec la rétrospective Octave de Rochebrune.

Vous y avez vu: des dessins — des lithographies — des eaux-fortes et des aquarelles.

Vous auriez pu y voir aussi des peintures à l'huile, en très petit nombre il est vrai. Soit au total cinq genres différents.

Soit donc cinq techniques différentes qui se sont succédées suivant les caprices ou la volonté de l'artiste, mais qui toutes ont été essayées et tentées pour satisfaire l'expression de Beauté que de Rochebrune portait en lui.

Examinons ces techniques successivement.

D'abord les dessins.

Artiste né, très jeune Octave de Rochebrune produit de remarquables dessins au crayon. Il a à peine 20 ans quand ses dessins sont admis au Salon de la Société des Artistes

Français, ce qui, à l'époque, était plus qu'une preuve de considération, mais un honneur envié.

Il faut le reconnaître, les dessins de de Rochebrune méritaient cet honneur. Ce sont des œuvres d'un goût parfait dans le choix du motif. Elles présentent une science réelle des valeurs traduites par un métier complet. Le crayon, très habilement manié, indique, avec conscience, les détails des différentes parties ainsi que les graduations diverses de la nature.

Verdures, terrains, fabriques, etc., ont chacun leur expression.

On pourrait évidemment, d'après la facture générale, citer les influences de métier de peintres tels que: le suisse Calame ou le français Français, tous deux paysagistes très en faveur à cette époque; mais cependant, il est une partie des dessins de Octave de Rochebrune où sa personnalité s'affirme très nettement, c'est la façon dont il traite l'architecture. C'est incontestablement ce qu'il préfère, ce qu'il sent le mieux et ce qu'il traduit le mieux.

A cause de cette qualité personnelle et s'il fallait une comparaison, j'estimerais préférable d'abandonner les citations des influences de Calame ou de Français et d'évoquer le nom du maître anglais Richard Bonington dont la facture, le métier et la présentation sont presque semblables à ceux de de Rochebrune, bien que ce dernier ne les ait point copié.

Donc, dès ses débuts, la voie d'Octave de Rochebrune est tracée d'une manière indélébile: il est, ce qu'il sera dans la suite, le traducteur ému des vieux sites et des vieilles architectures françaises.

Je vous demande d'ouvrir ici une parenthèse pour essayer de mettre au point une petite controverse relative aux leçons ou aux enseignements que de Rochebrune a pu suivre.

Dans la notice biographique du catalogue des eaux-fortes, édité en 1901 — soit un an après la mort du graveur — Henri Clouzot indique, pages 8 et 9 en parlant des gravures:

« A leur apparition, ces grandes planches produisirent « quelque étonnement parmi les graveurs. Etait-il possible, « dit M. Béraldi (grand critique d'art à cette époque), qu'un « *amateur*, un homme du monde, riche, un dilettante, ait « exécuté de tels morceaux? — Sûrement il devait avoir été « *aidé* par quelque *artiste*, un architecte, un graveur, ou « peut être les deux!... »

« Mais (ajoute Henri Clouzot), il fallut se rendre à l'évi- « dence, de Rochebrune resta hors de pair dans un genre « qu'il avait créé...

« Ce qui frappe dans ces planches, (dit encore Clouzot) « c'est la *science* du dessin jointe à l'exactitude du rendu...

Puis plus loin Clouzot ajoute: « jusqu'à son retour en « Vendée en 1848, de Rochebrune ne cessa de dessiner, tant « dans l'atelier de son ancien maître (Jean-Louis Petit) que « dans celui du peintre Justin Ouvrié, un des collaborateurs « de l'œuvre du baron Taylor... »

Eh bien! La suspicion de Béraldi n'est point fondée, et il est certain que de Rochebrune a travaillé seul sur ses œuvres, sinon on y trouverait des hésitations ou des reprises très apparentes.

Or, il n'y en a pas!

Les traits sont partout aussi fermes, aussi nets; la main qui les a tracés est partout la même.

Il y aurait donc eu collaboration totale, et de Rochebrune se serait contenté de signer?

Hypothèse bien peu admissible!...

A cette attaque, malgré la dernière phrase citée, Henri Clouzot ne semble pas avoir suffisamment démontré que de Rochebrune était architecte en même temps que graveur.

Cette démonstration me paraît indispensable pour faire comprendre « *l'exactitude du rendu* » sans aucun « *anachronisme* » cités par Clouzot.

Je tenterai donc cette démonstration en vous disant:

Si l'architecture est un art, c'est aussi une science et une science précise qui ne souffre pas qu'il n'y ait correspondance absolue entre les plans, les coupes et les façades d'un édifice.

Or, comment voudriez-vous que de Rochebrune ait pu traduire, *sans erreur*, les monuments très complexes qu'il a représentés, s'il n'avait pas, dès ses débuts, appris, non seulement à comprendre, mais à établir lui-même des plans, des coupes et des façades précis?

Comment voudriez-vous aussi qu'il ait pu exécuter ses œuvres sans aucune faute de perspective, s'il n'avait pas également appris la vraie perspective linéaire, cette autre science précise, indispensable à tout véritable architecte?

De Rochebrune les possédait à fond ces deux sciences; cela est indiscutable.

Mais, vous me permettrez de douter qu'il ait pu les apprendre seul. Il lui a fallu des Maîtres!

Peu importe d'ailleurs que ces Maîtres aient été professeurs à l'Ecole des Beaux-Arts ou qu'il se soit contenté des leçons données dans l'atelier de Justin Ouvrié.

Le fait a retenir est qu'il a eu des Maîtres et qu'il a su bien mettre à profit leurs leçons pour se passer de tous aides dans la suite (1).

(1) De Rochebrune a écrit lui-même dans son autobiographie intitulée « Comment je devins aquafortiste », en parlant de Jean-Louis Petit, son premier maître à Paris : « un très brave homme.... il me donna *d'excellents principes de perspective linéaire et aérienne.* J'ignorais tout alors, et pour les lignes fuyantes j'allais au petit bonheur ».

Extrait du numéro spécial de « La Revue du Bas-Poitou, janvier 1901).

Pour compléter ces précisions il me parait aussi nécessaire de rappeler que Justin Ouvrié était l'un des principaux collaborateurs du Baron Taylor pour l'exécution de son volumineux ouvrage « *Les Voyages pittoresques et romantiques dans l'ancienne France* »; et que Ouvrié était secondé lui-même par toute une pléiade d'architectes-dessinateurs qui formaient son atelier.

Il se pourrait que de Rochebrune ait été l'un de ces dessinateurs-architectes pendant qu'il était chez ce maître et qu'il ait ainsi complété son éducation par une pratique réelle.

Richard Bonington, à qui je le comparais tout à l'heure, a lui aussi donné de nombreuses pages parmi les plus belles de l'ouvrage de Taylor. Rien d'étonnant, par conséquent, si de Rochebrune a pu tirer, de ce nouvel exemple, un complément de savoir pour dégager sa propre personnalité.

En architecture ce n'est point être critiquable que de se dire l'élève de tel ou tel, c'est au contraire un très grand honneur, je dirai même une des meilleures références, surtout si ce professeur est un maître justement renommé.

Je vous l'ai dit tout à l'heure, je me permettrai de vous le redire encore:

L'architecture est un art doublé d'une science précise comme toutes les sciences; il n'est personne qui puisse se servir de cette science si les éléments ne lui sont pas enseignés.

Or, de Rochebrune était architecte en même temps que dessinateur émérite!...

Revenons aux dessins qui nous ont fait ouvrir cette longue parenthèse.

Les dessins d'Octave de Rochebrune sont de trois natures différentes:

Les premiers, tels ceux de ses débuts, sont des œuvres

complètes en elles-mêmes. Ils sont la première manière d'expression de l'artiste.

Voici un dessin de cette première manière. Vous pouvez y remarquer les qualités de présentation, de mises en page

et en place; l'observation très juste des valeurs et des modelés qui donnent une belle impression d'air et de lumière.

Les seconds dessins, de même esprit que les premiers, sont cependant moins poussés. Ce sont des souvenirs ou des impressions qui ont servi à l'exécution des gravures dont nous parlerons tout à l'heure.

Quant à ceux de la troisième catégorie ce sont des croquis ou des dessins documentaires, tels que: plans, coupes, profils, détails, etc. Ce sont des études établies pour l'exécution des œuvres définitives: des planches gravées d'abord, et aussi des constructions réelles.

Vous savez que de Rochebrune a dessiné, entre autres, une grande partie des détails pour la restauration de la

« Grande Fontaine » ou Fontaine des Beaux-Esprits, à Fontenay, ainsi que les plans et les détails de ses châteaux de Terre-Neuve et de La Court de Saint-Cyr.

Ces dessins sont de toute première valeur et leur nombre fut incalculable.

Voici un véritable dessin d'architecte, détail pour l'un des châteaux. Il date de 1854.

C'est un cartouche dessiné au trait à la plume et ombré de teintes d'aquarelle.

Remarquez la souplesse des formes et combien le caractère de l'Architecture de la Renaissance a été saisi et bien exprimé.

Abordons maintenant le deuxième genre de traduction : les lithographies.

Le procédé lithographique inventé en 1796 par l'Allemand Senefelder et vulgarisé en 1819, jouissait en France, dans la première moitié du XIXe siècle, d'un engouement sans bornes.

Suivant une expression de l'époque, « on est littéralement fou en France de la lithographie ».

C'est une mode; une fureur telle que tout le monde veut être lithographe.

Cette mode est même suivie jusqu'à la cour de Louis XVIII. — La duchesse de Berry, le duc de Chartres, le prince de Joinville, les duchesses Marie et Clémentine d'Orléans, font de la lithographie. Ils sont imités par le baron Denon, la belle Madame Tallien, des généraux, etc., etc.

Fantaisie, évidemment, de ce côté-là!

Heureusement il y a la contre-partie du côté des artistes.

Les œuvres de: Prudhon, Regnault, Isabey, Géricault, Delacroix, puis de: Charlet, Deveria, Raffet, Gavarni, Daumier, Mouilleron et surtout du délicieux et subtil Célestin Nanteuil, suffiraient pour montrer quelle valeur ce procédé peut avoir.

Rien de frivole, bien sûr!

Pour ces maîtres, la lithographie est un mode complet d'expression qui leur permet de conserver intacte toute leur personnalité.

C'est le seul procédé de reproduction directe qui permette ce résultat, et c'est ce qui a fait sa vogue.

La lithographie est, en effet, l'art de dessiner directement sur une pierre calcaire, préparée spécialement, avec un corps gras, crayon ou encre, comme si l'on dessinait sur une feuille de papier quelconque; et cela avec la même facilité et la même liberté de métier, mais à la condition toutefois de dessiner à l'envers.

Le dessin terminé, la pierre est légèrement mordue par un lavage d'un mélange d'eau de gomme et d'acide nitrique

Cette morsure attaque à peine la pierre, mais rend les traits du dessin insolubles et comme ils sont restés gras ce sont les seules parties qui prennent l'encre pour le report des épreuves, le restant de la pierre étant constamment tenu humide pendant l'opération de l'encrage.

Malheureusement ce procédé a un inconvénient: le dessin sur pierre s'encrasse très vite et l'encre prend souvent où il ne le faudrait pas: Il faut alors se servir du canif pour rétablir les traits ou les valeurs.

Dans les lithographies à la plume ou celles au crayon très largement faites, à gros traits vigoureux, les réparations sur pierre sont faciles, mais dans les lithos au crayon très poussées, avec des teintes dégradées et délicates, il n'est guère possible de demander à la pierre plus de 5 ou 6 épreuves convenables; encore n'est-on pas sûr de la perfection de ces épreuves et qu'il ne faudra pas les reprendre une à une, à la main, pour les mettre au point.

Comme tout le monde, de Rochebrune devient, lui aussi, lithographe. Mais, il a du talent. Il doit être classé dans la pléïade des artistes et non point dans la catégorie des amateurs que je vous ai cités, bien que son rang de noblesse pourrait l'y apparenter.

Toutes ses qualités de dessinateur au crayon se retrouvent dans ses lithographies: effet, précision, valeur et délicatesse, tout y est, avec en plus le charme spécial à toutes les épreuves de reproduction.

Vous savez pourquoi les bonnes épreuves des lithographies de notre artiste sont rares, et pourquoi toutes celles que vous avez vu à son exposition ont été reprises au crayon après tirage.

Cependant, à côté de ces pièces maîtresses très poussées, de Rochebrune a lithographié aussi quelques pierres pour les reproductions nombreuses de livres; mais il a, dans ces cas, employé le procédé à l'encre avec modelés au crayon, procédé couramment employé dans les reproductions commerciales.

Les épreuves de ses lithos n'ont d'ailleurs pas été tirées par de Rochebrune lui-même. Il dut avoir recours à des spécialistes.

J'aurais voulu vous rappeler sur l'écran l'une des bonnes lithos exposées, malheureusement le ton jaune du papier et la grisaille générale des épreuves passées n'auraient donné qu'une très mauvaise photographie.

Voici par contre la projection d'une litho à l'encre et au crayon. C'est la cheminée de l'atelier de Terre-Neuve.

Cette litho a été exécutée en 1851. Elle a été choisie pour vous la faire comparer tout à l'heure avec une autre traduction du même sujet, et pour vous montrer la souplesse que le procédé commercial peut atteindre quand il est habilement employé.

Les personnages ajoutés au motif représentent le peintre Birotheau exécutant le portrait de Madame Octave de Rochebrune.

Nous voici rendus au procédé essentiel de l'œuvre de notre artiste: *l'Eau-Forte;* procédé dont voici une définition succinte:

L'eau-forte est l'art de fixer un dessin sur métal par la morsure d'un acide; le dessin étant tracé à l'*envers* comme dans tous les procédés de reproduction. Le métal ainsi gravé permet d'obtenir un nombre quasi illimité d'épreuves, l'encrage de la gravure étant, évidemment, renouvelé pour chacune d'elles.

En pratique ce procédé n'est pas aussi simple que cette définition pourrait le faire supposer. Il y a, suivant l'expression des aquafortistes, toute une « cuisine » spéciale à suivre; autrement dit: toute une série de préparations délicates.

Le métal doit être bien plan, bien poli, sans trou ni traits, puis verni à chaud avec un vernis noir posé soit au tampon soit au pinceau. Une fois sec le vernis est enfumé pour le noircir encore plus, de façon à rendre plus visibles les traits qui seront tracés par les pointes.

Quand la plaque est refroidie, on procède au décalque de la mise en place du dessin, puis au tracé avec les pointes qui enlèvent par traits le vernis et mettent le métal à nu. Le dessin est ainsi représenté par des traits blancs sur fond noir.

Le dessin au trait terminé, la plaque est bordée de cire et couverte par l'acide, ou « l'eau-forte » qui a donné son nom au procédé et qui termine le travail de gravure.

Voici le cliché négatif et à l'envers d'une épreuve. A défaut d'une photographie douteuse d'une plaque gravée, ce cliché peut vous donner une idée approximative de ce qu'étaient les tracés des pointes sur cette plaque, avant la morsure de l'acide; c'est en somme comme un tableau noir avec des tracés à la craie.

L'histoire du « Magasin Pittoresque » avec l'article spécial de Charles Jacques — celle de la plaque de cuivre des débuts demandée au chaudronnier de Fontenay — celle aussi de l'insistance de son ami Benjamin Fillon pour amener de Rochebrune à être aquafortiste, tout Fontenay les connaît dans leur ensemble.

Je voudrais cependant essayer de compléter celle du « Magasin Pittoresque » en vous exprimant les constatations que j'ai pu relever sur des épreuves très rares qui figuraient à l'exposition, et en me reportant à l'analyse de l'article de Charles Jacques paru en Juin 1852 dans ce « magasine ».

Henri Clouzot écrit dans sa préface, page 7: « Il n'y avait à Fontenay personne qui pratiquât l'eau-forte. Il lui fallut retrouver un à un les procédés — apprendre à battre son cuivre, à le polir, à composer un vernis, à le noircir, à se servir de la pointe, à donner le bain d'acide, à tirer les épreuves, etc. »

Or, vous le savez, notre artiste a commencé à graver à l'eau-forte en 1859; et, ceci est tout à son honneur, son premier et seul guide a été cet écrit de Charles Jacques dans lequel il a trouvé, suffisamment précises, les explications nécessaires pour toutes les manipulations dont parle Clouzot. Il y a même trouvé le schéma pour faire construire sa première presse à taille douce; mais ajoutons-le, avec une si belle naïveté que l'on dirait une copie fidèle de la presse à rouleaux inventée par Abraham Bosse au XVIIe siècle, que de Rochebrune n'a connu que plus tard (1), et dont les données essentielles n'ont d'ailleurs pas varié jusqu'à nos jours.

Cette presse, souvenir précieux de de Rochebrune, a maintenant sa place au Musée Vendéen, où, nous l'espérons, elle contribuera à l'éducation générale avec les épreuves qu'elle a produites.

Mais il y a bien d'autres choses encore dans l'article de Charles Jacques; les descriptions: de l'aquatinte, de la manière noire, de la roulette, etc. autant de procédés suffisamment précisés pour que de Rochebrune ait voulu les appliquer, tout au moins à ses débuts.

En voici un exemple:

Le n° 1 *bis* en 2 états (22 novembre 1859).

Clouzot dit au catalogue:

(1) Lorsque j'écrivais ces lignes j'ignorais l'existence des « Cahiers de de Rochebrune » et leur contenu.

Sans les citations de ces mémoires donnés par M. René Vallette dans sa Conférence j'aurais toujours pensé que de Rochebrune s'était inspiré, pour faire exécuter sa première presse, du modèle figurant dans la gravure du « Magasin Pittoresque » (un atelier de graveur à l'eau-forte). Le modèle de Charles Jacques étant identique à celui d'Abraham Bosse, la confusion devenait d'autant plus facile.

M. Vallette a très heureusement rappelé que c'était bien le modèle d'Abraham Bosse qui avait servi à de Rochebrune. Notre graveur l'indique d'ailleurs dans son autobiographie.

« N° 1 *bis*. Vue de Fontenay.

« 2 planches qui, ayant peu ou mal mordu, ont été surchargées de travaux nouveaux.

" Au clair de la lune, mon ami Fillon "

« Tirage A (à gauche), avec la délicace: A mon ami B. Fillon qui m'a fait entreprendre cet art.

« *Planche détruite après quelques épreuves tirées.*

« Tirage B (à droite) mèmes dimensions que A. — Même dédicace.

« *Planche trop mordue et brûlée par l'acide, détruite après 3 ou 4 épreuves.* »

Cette description n'est point complète; elle ne mentionne pas l'essai d'aquatinte qui a son importance.

Henri Clouzot ignorait probablement l'épreuve de l'état B, que vous voyez à droite, et qui porte, écrit à la main:

« Au clair de la lune, mon ami Fillon. » .

Cette épreuve, la meilleure peut-être du tirage B, est une épreuve de l'aquatinte ajoutée à la planche primitive du tirage A. La planche du tirage A *est la même* que celle du tirage B. La planche A *n'a donc pas été détruite* mais *elle a été modifiée* par l'adjonction de l'aquatinte que de Rochebrune a voulu essayer d'après les indications de Charles Jacques.

Il est certain que le résultat n'a pas été celui qu'il attendait et son inexpérience, dans ce premier essai, lui a laissé trop mordre le grain posé sur la plaque par la résine.

La plaque, devenue toute noire, était presque perdue. De Rochebrune la reprend cependant, comme il lui est conseillé, avec quelques blancs retrouvés au brunissoir, et il en tire, tant bien que mal, cette épreuve, que, dans une spirituelle boutade, il qualifie de « Clair de lune ». Il tente ensuite une deuxième épreuve, puis une troisième et une quatrième, mais la plaque s'encrasse de plus en plus et les épreuves deviennent de plus en plus noires. De Rochebrune abandonne.

Peu satisfait de cet essai qu'il tentait pour obtenir plus facilement des effets de teintes qui le ramèneraient un peu vers son métier de lithographe, de Rochebrune renonce définitivement à l'aquatinte pour ne se servir que des pointes du véritable aquafortiste.

Voici où il en est à sa planche n° 8. La 10e qu'il grave en réalité.

Les ruines du château de Talmont (février 1860).

Cette planche, mordue à 3 reprises différentes, présente

quelques parties adoucies au brunissoir (les lointains des maisons de droite, au-dessus du pont)) et de nombreux traits de pointe sèche dans le ciel, les fumées, les ruines et un peu partout dans les maisons.

Cette planche a l'aspect d'un croquis à la plume prestement enlevé. Les traits s'y croisent et s'entrecroisent, très irréguliers, souvent en griffonis, sans aucun souci du sens des tailles. Ceci est à retenir pour la comparaison avec le métier des planches qui vont suivre.

Vers le milieu de 1860 de Rochebrune a gravé une vingtaine de planches. Il est maître déjà de sa pointe et de son eau-forte, mais un changement complet va intervenir dans sa facture.

Les griffonis, les traits irréguliers du début, posés comme en pleine fougue, font place à des profils nets, bien écrits, à des hachures parallèles, volontaires. L'art de Rochebrune s'est fait plus sobre, plus précis; il devient définitif.

Presque d'emblée et sans aucune hésitation il va s'attaquer à des planches de dimensions telles qu'un professionnel de 20 ans de pratique reculerait à les affronter.

Comment s'est accomplie cette transformation subite? Y a-t-il eu influence, ou bien des conseils autorisés sont-ils intervenus?... Probablement!

Je suis tenté de vous rappeler que Benjamin Fillon, ami intime de de Rochebrune, avait aussi pour amis deux des maîtres graveurs français: le précis et sensuel Jacquemart et le sévère et magistral Méryon, qui tous deux ont gravé *et à l'eau-forte* des portraits de Benjamin Fillon.

Quelques mots de l'un et de l'autre suffisaient pour ouvrir des horizons nouveaux à de Rochebrune.

S'ensuit-il que de Rochebrune a copié Méryon dont la facture se rapproche le plus de la sienne?... Nullement. Qu'il se soit inspiré de ses conseils pour élargir sa facture, c'est très probable, (1) mais de Rochebrune a su conserver toute sa personnalité.

Dans les motifs d'architecture qu'ils ont traité tous les deux, Méryon et lui, de Rochebrune est précis et vigoureux, il modèle jusqu'à l'extrême certaines parties. Méryon, au contraire, grand simplificateur, procède par masses, par plans plutôt brutalement écrits.

Le résultat de cette transformation, vous le connaissez, ce sont les œuvres remarquables que vous avez admirées à l'exposition.

Pour bien marquer les progrès de notre aquafortiste voici une comparaison de deux œuvres exécutées d'après le même sujet, mais dans deux techniques différentes et avec un intervalle de 12 années.

(1) Toujours dans son autobiographie « Comment je devins aquafortiste » de Rochebrune écrit à ce sujet:
« M. Arnauldet, ayant appris mes essais, me fit hommage de plusieurs planches de Méryon. Je restai saisi d'admiration devant l'effet obtenu par cet habile artiste à l'aide de ses tailles simples et largement comprises. Quelques mois après je recevais de lui, en même temps que du vernis, *de précieux conseils* qui m'ont évité bien des erreurs et bien des heures de découragement ».

La cheminée de l'atelier de Terre Neuve. — A gauche la lithographie que vous avez vu tout à l'heure date de 1851. — A droite l'eau-forte datée février 1863 et qui porte le numéro 65 des planches gravées. La comparaison, je crois, se passe de commentaires.

Enfin, pour compléter ces explications voici une eau-forte choisie dans les premières de la dernière période, mais où l'artiste a condensé toutes les qualités qu'il conservera jusqu'à la fin.

La porte Nord de l'église de Vouvant (numéro 53 du catalogue) exécutée avant la restauration du portail et du clocher. C'est une de ses plus belles mise en page, d'une précision et d'une compréhension de l'architecture peu commune. Elle est rendue avec simplicité par le même métier complet et parfait que vous retrouverez dans toutes ses grandes planches.

Il resterait à vous parler des peintures et des aquarelles

Je n'en dirai que quelques mots.

— Les peintures sont presque détruites par l'emploi abusif du néfaste bitume. Elles sont donc peu facilement appréciables.

— Quant aux aquarelles, ce sont des pages que de Rochebrune a écrit de mémoire alors que, très âgé, et n'y voyant plus suffisamment, il avait dû abandonner ses burins. Elles sont toutes datées de 1899.

De Rochebrune est donc essentiellement un aquafortiste.

Il a gravé 492 cuivres connus et catalogués!

Près du quart du nombre de ces cuivres ont chacun des dimensions avoisinantes de celles d'un demi mètre superficiel!

Il aurait fallu 5 ou 6 salles aussi spacieuses que celle de l'exposition pour vous montrer, *seulement*, une seule épreuve de chacune de ces 492 gravures.

Rien que par le travail matériel représenté, il y a là une œuvre considérable et dont on trouve bien peu d'exemples dans l'histoire de l'art.

Cette œuvre s'étend sur près d'un demi siècle par un labeur acharné et de tous les jours. Pour se rendre compte du travail produit, il suffit de se rappeler qu'une seule des grandes planches gravées par de Rochebrune aurait usé la patience d'un artiste moins expert.

Ce travail formidable, précis et minutieux, cette œuvre de patience, mais de grand mérite, peut paraître désuète pour une conviction moderniste.

Certes, nous sommes au XXe siècle! De Rochebrune vivait au XIXe; il n'a pas connu la grande foire de 1900. Les impressionistes commençaient à naître quand il était sur le déclin de la vie.

De son temps, avec un bon équipage, on faisait du 20 à l'heure; on pouvait encore apercevoir certains détails inhérents aux constructions.

Aujourd'hui on marche à 120 ou 150! La vision d'art.

qui, à cette vitesse, devrait se traduire uniquement par des courbes, ne comprend que la ligne droite, le carré et le cercle parce qu'un compas suffit pour le tracer.

Aussi, pour bien comprendre l'œuvre de de Rochebrune, comme celle des artistes de son époque, faut-il faire machine en arrière; mais pas à 150 à l'heure. Non! au pas! au pas d'un homme sensé, au tout petit pas de la réflexion.

...Mais il y a plus dans cette œuvre! Il y a la valeur incontestable de ces pages qui font d'Octave de Rochebrune l'un des Maîtres de l'Eau-forte, en France, au XIXe siècle, et le créateur d'un genre dans lequel peu de noms peuvent lui être comparés.

Traducteur des vieilles architectures françaises, il en est le *monographiste fidèle* en même temps que le poète ému. Ses estampes vibrent et vivent, et cependant ce sont des monographies qui ne rappellent: ni les monographies d'un du Cerceau — d'un Mariette — d'un Pfnor — ou d'un César Daly, ni les compositions d'un Lepautre ou d'un Blondel.

De Rochebrune *a créé, répétons-le*, son genre personnel et s'il fallait absolument une comparaison d'artiste, nous l'appellerions, nous aussi: « *Le Piranèse français des édifices français du Moyen-Age et de la Renaissance.* »

Fontenay peut être fière de son enfant!

Avril 1925.

Emile BOUTIN,
Architecte Diplômé par le Gouvernement,
ancien Inspecteur des Palais du Louvre
et des Tuileries.

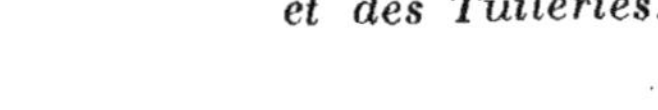

IMPRIMERIE HENRI LUSSAUD
P. & O. LUSSAUD FRÈRES
FONTENAY-LE-COMTE (VENDÉE)

www.ingramcontent.com/pod-product-compliance
Ingram Content Group UK Ltd.
Pitfield, Milton Keynes, MK11 3LW, UK
UKHW021007180726
13838UKWH00003B/1481

9 782329 30669